몽골에서 불어온
힐링 바람

몽골에서 불어온 힐링 바람

최민초 지음

도서출판 아라

몽골은 키를 열면 값으로 환산할 수 없는
어마어마한 비밀이 숨어있는 곳이다.
그러나 키를 열지 못하면 한낱 사막과 초원 밖에
볼 수 없다.
자기 만의 항아리에 어떤 보물을 담느냐는
주인에게 달려있다.

여행자.

너는 자유다.

여행이란 채우러 떠나는 것이 아니라
비우기 위해,
혹은
돌아오기 위해 떠나는 것이다.

작가의 말

신비롭고 경이로운 세계를 통해 나를 만나고
자연 속을 탐험하는 것만큼, 큰 행운은 없다.
가장 원초적이고 근원적이고 초자연적인 곳.
볼 것이 없는 곳에서 많은 것을 볼 수 있는 곳.
보이지 않는 곳에서 어마어마한 것을 볼 수 있는
곳. 보물이 숨겨진 곳. 몽골은 내 생의 에너지이며
목마를 때 마실 수 있는 영혼의 옹달샘이다.

천 억겁의 무게를 지닌 듯한 근원적이고 원초적인
쓸쓸함과 바람, 혹은 햇살 같이 가벼운 듯한
인간의 생, 숙명, 운명……. 자연에 순응하는 짐승,
꽃, 새, 모래사막…….

그 우주에 얽힌 신비를 경험하면서 내 집착이
얼마나 하찮은지를 깨닫고, 움켜쥐었던 모든
것들을 놓아버린다.

몽골을 품고 나를 버린 시간의 기록을 마치며
글꽃, 최민초

여름 날.

햇빛이 땅의 물기를 쫙쫙 빨아들인다.
뜨겁다. 태양이 지글지글 끓는다.
머리 위에서 불덩이를 내리붓는다.
간간히 불어오는 바람은 생명수다.

나도 누군가에게 생명수가 될 수 있다면…….

낯설고 스산하다.
낯선이의 눈빛처럼 웅크린 사막의 모래산. 골짜기.
그 쓸쓸함…….

누굴까.
그림자처럼 내 곁에 따라다니는 사람은?
나는 새떼를 쫓듯이 훠이 훠이 손을 내 젓는다.

바랑을 지고 떠나는 나그네의 뒷모습.
목을 늘이고 뒤돌아보는 말의 눈망울.

누가 인간의 마음을 이토록 잘 표현 할 수 있을까.

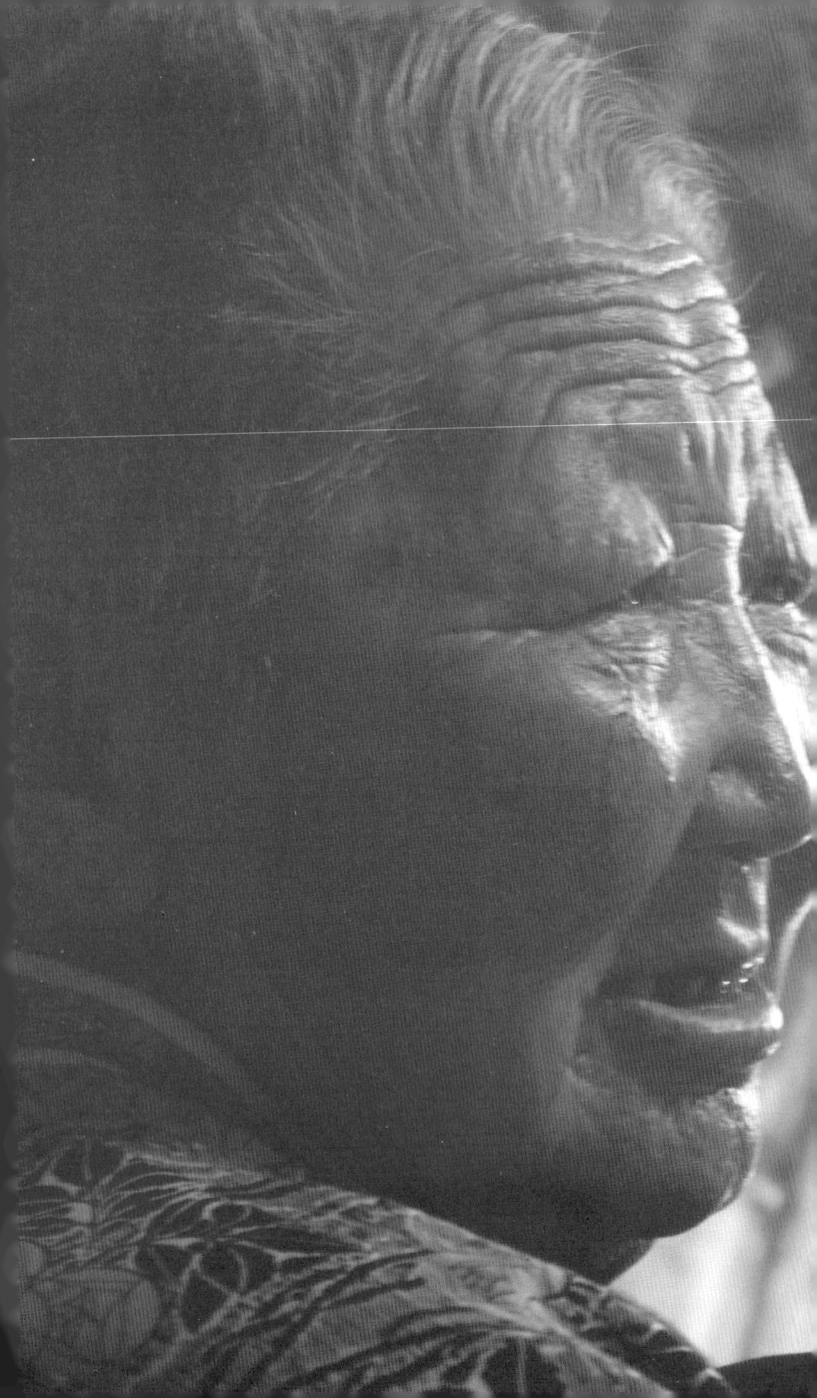

징기스칸의 어머니를 닮은 그녀.
골 깊은 주름마저 품어안은
자연, 피에타다.

물큰, 향내가 실려온다.
아기의 웃음에서 잦아낸 듯한
천연의 향.

나에게는 어떤 향이 날까.

은은하고 오래도록 기억에 남는 향기로 남았으면
참 좋겠다. 나는.

극한…….

여행이 주는 또 다른 묘미.

안락한 모든 것으로부터 멀어지는 것.

익숙한 것에서 멀어지는 것.

달이 돋기를 기다린다.
하늘에는 뿌옇게 먼지 같은 장막이
가려져 있고 달은 희미하게 구름 속에
숨어 있다.

달은 좀체 모습을 드러내지 않는다.
베일에 가린 도사처럼 묵묵하고
꿋꿋하게 구름 뒤에 숨어 있다.

나는 지금 누구를 기다리는가.

나는 왜 몽골에 왔을까.
스물 몇 살, 그 해 나는 어디에 있었을까.
서른 살 즈음에는 누구랑 푸릇한 사랑을 나누고
있었을까.
마흔 몇 살 때는 어디에서 누구랑 인생의 나물을
캐고 있었을까.

그리고
지금
몽골에
무엇 하러 왔는가.
나는.

몽골은…….
있는 것을 버리고……
보이지 않는 곳에서
마음으로 보이는
그 어떤 무엇을 찾아내는 곳.

말의 뼈들이 초원에 널려 있다.
바람에 저절로 말라서 그냥 그렇게 어디론가
사라지는 말의 운명.
풍장…….
나도 그렇게 풍장을 할 수 있다면…….

자연에서 왔으니 자연으로 돌아갈 뿐, 더 이상의
의미는 없다.

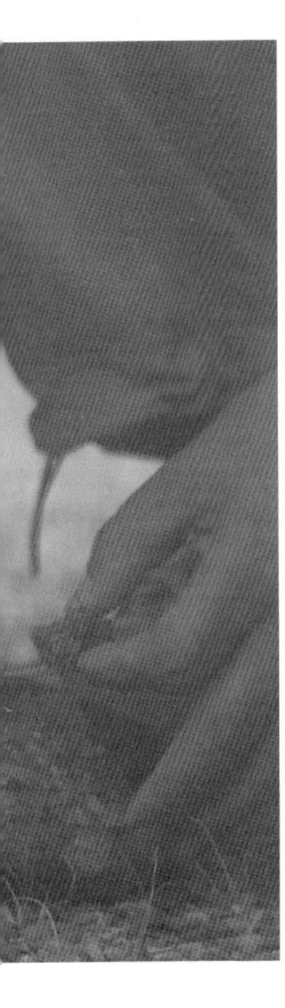

아르갈로 불을 피운다.
불이 타오른다. 향기가 난다.
독특하고 신비한 향내,
자연적이고 근원적이고
원초적인 향기.
머리끝에서부터 발끝까지 꼭꼭
여며 채워갈까. 향기만.

5882 УБМ

가벼움을 얻기 위해 나는 얼마나 더
숙련해야 하는가.
과연
죽기 전에 가벼워질 수 있을까.

나를 버리는 것.
승화하는 것.

놓을 수 있는 길.
지름길은 무엇일까.

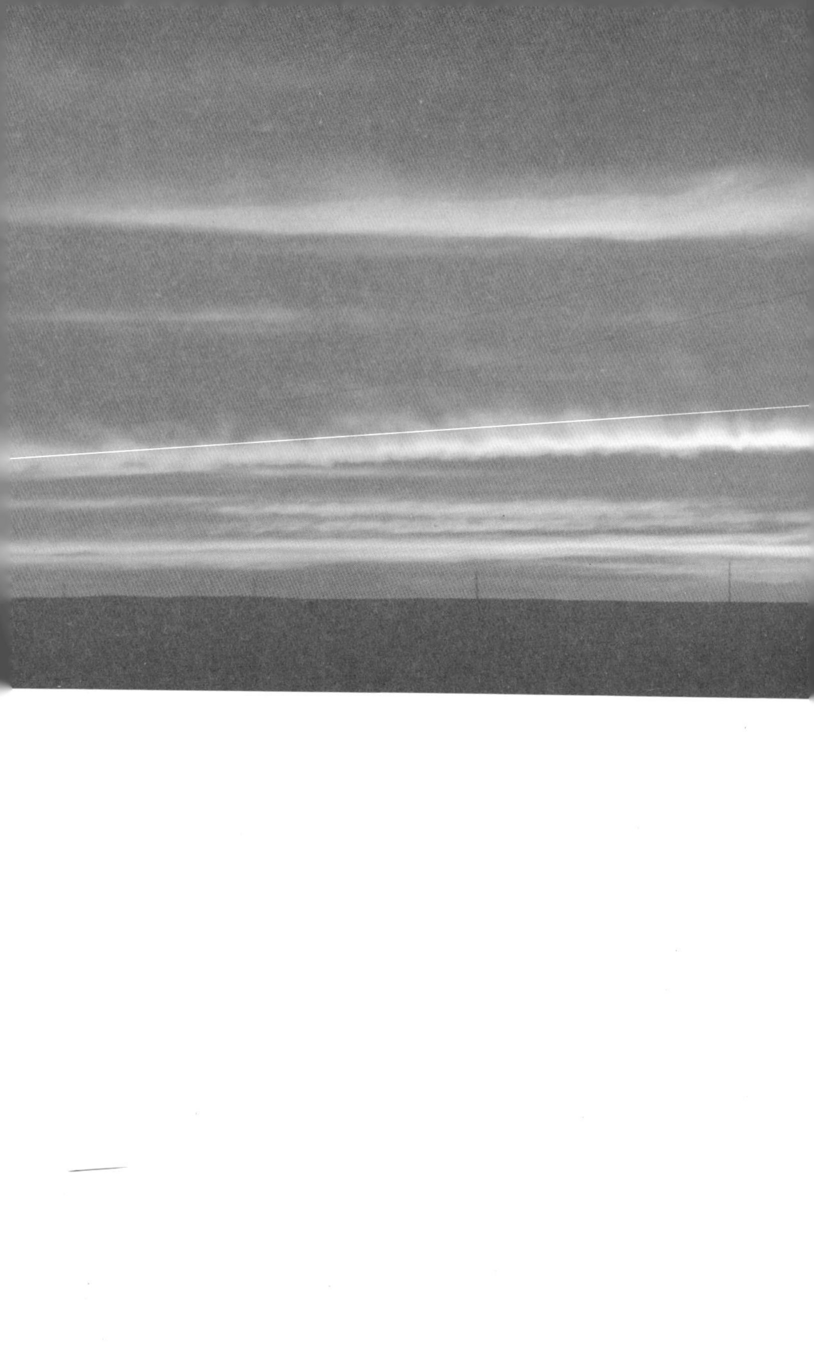

내 속에서 헐어버릴 것들을 마음속 수첩에
적는다.
보내야 할 사랑.
지워야 할 기억.
추억이라고 생각하는 아집. 집착.
내가 짊어지고 있는 짐 덩어리들.

나는 왜 여기 왔는가.
무엇을 쫓아 이곳에 닿았는가.

하늘과 맞닿을듯한 모래산.
앞서 간
발자국의 주인은 누구일까.
어디로 갔을까.
그, 혹은 그녀…….

말을 탄다. 말이 달린다.
내 안의 말(馬)도 달린다.
말(馬)은 말(言)을 낳고
말(言)은 말(言)을 낳고 나(我)를 낳는다.

시냇물 줄기를 따라 타박타박 걷는다.
맑은 시냇물은 경쾌한 소리를 내며 흐른다.
내 속에서도 맑은 물이 흐른다. 아프다,
너무 아프다. 시냇물이 절규한다. 맑은 게
아니라고, 시린 것이라고. 죽을 것 같다고.
내 얼굴이 시냇물 속에서 일그러진다.
숲이 운다.
계곡이 통곡한다.

낡고 보잘것없는 자동차는 왕녀처럼 오만하다.
때로는 수줍은 첫날밤 신부처럼 다소곳하다.

숲이 흔들린다.
숲은 고요한데
나뭇가지가 어떤 물체에 부딪는 소리가 들린다.

주위를 살핀다.

늑대다.
사나운 눈이 나를 삼킬듯 노려본다.
소리 지른다.
소리가 입 밖으로 나오지 않는다. 으으으……

나는 뛴다. 마음은 급한데 걸음은 제자리다.
숨이 멎는다. 새파랗게 질린 나.
늑대가 휙 방향을 틀어 어슬렁어슬렁
숲으로 사라진다.
내 이마에서 빗물처럼 땀이 튕겨나간다.
이곳은 어디일까. 바람소리뿐 고요하다.

땅이 온통 젖어 있고 초목도 물기를 먹어
싱싱하다.
초원도 물기를 머금은 듯 촉촉하고 싱그럽다.

아름다움에는 반드시 위험이 도사리고 있다.
그러나……
우리는 그 위험을 기꺼이 즐긴다.
왜?
…….
바람에 따라 이리저리 휘날리던 먼지가 곱게 가라앉아 있다. 나뭇잎 위에 더께처럼 쌓인 먼지도 말끔하게 씻겨 있다.
내 마음도 조금은 맑게 닦인 것 같다.
혼돈으로부터, 상처로부터, 고통으로부터.
그런데……
싱그러움 속에……
뼛속 가시처럼 아픈 이유는 뭐지?

높다랗고 뾰족한 돌무덤이 쌓여있다.
돌탑 끝에는 파란 깃대가 세워져 있다.
어워다. 세 바퀴를 돌면 소원이 이루어진다?

내 소원은 무엇일까.

곳곳에 낙타가 무리지어 있다. 마른 잔디만 먹는
낙타는 무척 야위어 있다.

낙타야……
나, 힘겨워 울고 있을 때
너, 여기서 외로웠구나.

나, 상처 입어 고통스러울 때
너, 사막에서 생을 익혔구나.
…….
…….

네 순한 눈망울에 부끄러운 나.
내 짐 무겁다 투정부린 내가 미욱하구나.

묵묵히 생을 익히고
생을 일구는 너에게
정녕…….
나, 너 볼 낯이 없구나.
낙타야…….

무심하게 본다. 나무, 숲, 텅 빈 하늘……
그리고 내 마음에 새겨진 아픈 무늬들……
한가롭게 떠가는 구름도 풀꽃도 본다.

풀꽃 향기가 물씬 코끝을 자극한다. 폐부 깊숙이
파고든다. 온 몸의 조직을 타고 뇌 속으로
흘러든다.
향내에 취하고 물소리에 취한다. 하늘과 바람에
취한다. 걸음에 취하고 내 콧노래에 취하고 자연에
취한다.
오늘 나는
그냥 나다. 자연이다. 온유다.

너 어디 있니?
내
꽃……

몽골은…….
있는 것을 버리고……
보이지 않는 곳에서
마음으로 보이는
그 어떤 무엇을 찾아내는 곳.

안개비가 내린다. 끝없이 펼쳐진 사막을 달린다.
나무도 없다. 사막은 가도 가도 끝이 없다.
말(馬)의 등에 납작 엎드리고 싶다. 말의 숨소리를
듣고 싶다.
말이 되어 보고 싶다. 말의 마음이 되고 싶다.
그 눈망울과 눈을 맞추고 싶다.
검은 말, 갈색 말, 흰 말…….
말(馬)과 말(言)이 통했으면……
슬픔, 아픔, 즐거움, 그리고 어떤 고뇌…….
알고 싶다.

죽는 그날엔 알 수 있을까.

원시성, 시원의 세계.
훼손되지 않은 초자연적인 목초지.
무질서, 무법규. 무한대의 자유.

몽골은 충격이다.

독수리 떼가 먹잇감을 노리고 있다.
눈매가 부리부리하다. 금세라도 나를 낚아챌 것
같은 표정.
그 강렬함. 매혹적이다.

독수리와 눈이 마주친다. 눈알을 휘둥그레 굴리며
부리와 날개를 곤두세운다. 나는 흠칫, 몸을 떤다.
다람쥐가 눈 깜짝할 사이에 독수리의 부리 속으로
들어간다. 찰나의 순간…….
먹고 먹히는……
이 평화로운 곳에도 여지없이 약육강식은
존재하고 있다.
생존은 그렇게 잔인하다. 거룩하다.

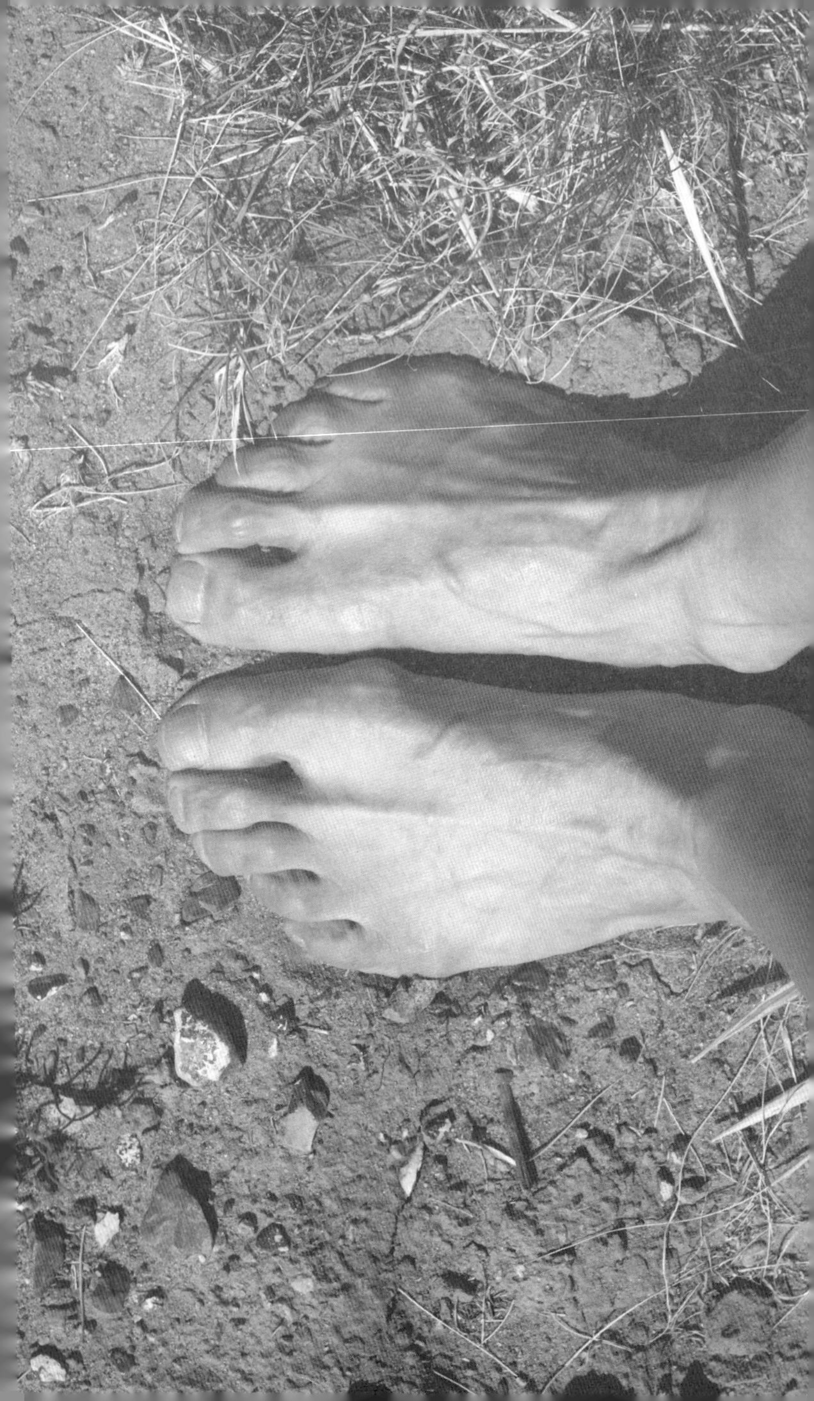

하늘, 구름, 바람, 공기…….
나는 지금 아주 부유하다.
대자연을 온통 차지한
나는
몽골의 왕녀다. 황후다.

바람소리가 들린다.
모랫 바람 소리다.

모랫 바람은 슬픈 짐승이 부는
풀피리 소리 같다.

비가 그친다. 모랫 바람이 분다.

바람이 분다.
내 속에 바람이 분다.
바람은 내 속을 관통해야 한다.

세상 밖으로 나가
구름과 만나고
초원과 만나고
하늘과 만나야 한다.

구름도 비도 안개도 눈도
폭풍도 만나 뒤섞여야 한다.

바람아.
뒤돌아보지 말고
멈칫거리지 말고
세상과 섞이어라.

햇볕과 공기와 섞이어라.
푸르름과 섞이어라.
섞이고 섞여
마침내
자유케 하라.
바람, 그 자체가 되어라.

바람녀.
너는 자유다. 평화다. 온유다.
그리고 그리움이어라……

나는 열망한다.
공기처럼 가벼워지기를.
깃털처럼 부드러워지기를.
아무것도 없는 곳에서
얻어지는 것이 있듯이
아무것도 가진 것이 없는 것에서
모든 것이 내 것임을 느낀다.
그러므로 나 여기 있음이 부유하다.
충만하다.

길은 누구를 위해 존재하는가.
길 위엔 무엇이 있는가.

사람들은 왜 걷고 또 걷는가.
왜 길을 가고 또 가는가.

나의 길은 어디 있는가.

나는 어디쯤 와 있는가.
어디를 향해 가고 있는가.

가는 길이 길일뿐 사막은 길이 없다 .

왜 나는 슬퍼야 하지?
왜 슬퍼도 살아야 하지?

슬픔도 지워지고
그리움도 지워지고
서러움도 사랑도 지워지고
쓸쓸함도 애절함도
그리고 허무마저 지워진다.

내 생을 지우고
또 지우고 나면
무엇이 남을까.

공(空), 시(時), 먼지, 공기……

그리고

또 다른 나.

늑대 울음소리가 들린다. 주위를 훑는다.
늑대가 바위 뒤에 숨어서 나를 보고 있다.
늑대와 마주보고 있다. 늑대는 움직이지 않는다.
미동도 없다.
극도의 긴장, 공포.
강자가 되기 위한 철저한 응시다.
아, 이것이 탐색전이 아닌
소통이었으면…….

초원에
소실점이 하나의 선으로 이어지고 있다.

소실점은
전봇대가 아닌
간절한 소통이다.
절절한 그리움이다.

햇빛. 바람. 구름.
공기. 하늘. 초목.
가축……

모랫 바람이 소통하고
바람과 바람이 얽혀 소통하고
…….
…….

소통은
소박하면서도 절절한 꽃.

천의 얼굴을 지닌 몽골의 하늘, 구름……
거기 내 얼굴은 어떤 모양을 하고 있을까.
집착, 욕망, 일그러진 소유욕.

나는 타이른다. 조근조근
나를 지우자.
자아를 지우자.
존재를 지우자.

나는 길 가는 나그네. 혹은 방랑자.
집착을 벗은 나그네.

자유로운 여행자
혹은 쓸쓸한 여행자.

여행자는 자유로운 시인.

당차고 매혹적인 소녀.
내 속에 소녀 하나를 통째로 집어넣는다.
돌돌 말아서.

소녀가 웃고 있다.
달린다. 소녀가
초원을 향해.
바람을 향해.
달을 향해.
거침없이. 달리고 또 달린다.
얼만큼 달려야 소녀,
바람이 될 수 있을까.

너는 나.
나는 너.
우리가 아닌 개체.
너는 너, 나는 나. 서로 각자
그냥 그렇게 흘러가는 존재.
자연스러움.
그것이…… 생이다.

틀어 올린 긴 머리 풀어헤치고
나는 달에게로 달려가지.
달은 나에게로 마주 달려오지.

너와 나를 이은 끈.
실에 꿰어 잡아맬 수 없음이여.

아침이 되면 내 품을 빠져 나가라,
저 멀리 떠 있는 신기루처럼.

그리움은 끝없는 자유, 해방, 혹은 순수.

하늘은 백도화지다.
화첩이다.
자유다.
고도다.
해방이다.
질서다. 신비다.

구속이 없는 자유로움이다.
사슬과 속박의 틀을 벗어나 온전히
나와 자연이 합일하는 지금 이 시간.
경이. 혹은 해방.

일몰이 퍼져있다.

용광로.

불덩이. 바다에 빠져 있다. 붉은 기운이 도는 일몰 주변은 잿빛, 검은빛이 퍼져 있다.

일몰이 서서히 걷힌다. 달이 솟는다. 달은 한 걸음 다가가면 한 걸음씩 물러난다. 다가설 수 없는, 가까이 하기엔 너무 멀리 있는 그리움……

목마름.

갈증…….

여행이란

…….

또 하나의 자기와 만나는 것,

내면의 자기와 진실하게 만나 격렬하게 다투기도

하고 상처를 어루만져 주고 가만히 자기를

응시하는 것.

자아를 찾고 중심을 갖는 것.

그리하여 당차게 일어서는 것.

여행은
더 깊고 그윽하고 부드럽게 타인을 보듬는 것.
…….
…….
어디든 떠나보지 않은 이는 알 수 없다.
이 격동적인 설렘과 고요로운 신비를.

우주에 존재하는 것,

태초의 하늘. 태초의 달. 태초의 별.
숭고하고 거룩한 자연, 그리고 교활한 내 생.
지금 여기 서 있는 나.

나는 생을 토해내야 한다.
내보내야 한다.
집착의 덩어리. 욕망.
짐.

모두모두 토해내라. 달을 품어라.
영원히 지워지지 않을 나하나 만의 달.

흰 독수리가 구름 사이를 가로질러 간다.

미련한 자여,
쫓지마라.

사랑도.
인생도.
그리움도.

그냥, 있는 그대로 놓아두는 것.

안녕…….
나는 초원을 남겨두고 손을 흔든다.
또 길을 나선다. 가도 가도 끝이 없는 사막의
길…….
인생길…….
나그네길…….

새 울음소리가 청아하다. 어제 내린 비로 하늘빛이 투명하다. 풀꽃 색도 선명하다.

자연에 나를 담그고 싶다.
혼도, 뇌도.
자연으로 스며들고 싶다.

나...... 그냥...... 여기......
잠들고 싶다.

달래향이 바람에
실려 온다.

천연의 향기.
취한다.
스르르
눈이
감긴다.

죽어도 좋을
지금.
향의 유혹.

산꼭대기의 숲.
안온하고 그윽하다.
포용과 너그러움. 수용.
그 자태는 거룩하기조차 하다.

정착지를 찾아 떠나는 유목민들의 발길은
조급하지도 불안하지도 않다. 해가 지면 겔을 짓고
다음날, 더 좋은 목초지를 찾아 떠난다.
유목생활, 그들은 여행하듯이 그렇게 떠나고
또 떠난다. 목초지를 찾아, 구름처럼 바람처럼
떠돈다. 숙명처럼 운명처럼 순하게 순응하는 그들.
숭고하다.

겔은 낙하산 모양으로 둥그렇다.
여름에는 시원하고 겨울에는 따뜻하다.
겔을 허무는데 삼십 분이면 족하다.
겔 안에는 최소한의 살림 도구만이
있다. 침대, 냄비, 주전자, 수저, 물통,
양 그림 카펫, 가방이 전부다.
더 이상의 식기도 가구도 없다.
유목적인 생활을 하기에 최소한의
생활 필수품만 있다.

나는 너무 많은 것을 가지고
살고 있구나. 문득……

가진 것, 집착하는 것, 떨쳐내지 못하는
것들이 내 다리를, 마음을, 머리를,
온통 죄어든다. 쥐어뜯는다.
쓸데없는 것을 버리고
가뿐하고 명쾌하게 살 일이다.

내 인생의 통행료는 얼마일까.

초원은 여전히 끝이 없다.
세상이 얼마나 넓은지 자연이 얼마나 은혜로운지
살다보면 가다보면 알게 된다. 꽃은 피고 지고……
진자리에 다시 피는 생.
또 지고 피는 생…….

온천 중앙에 나무와 돌로 쌓은 어워가 있다.
어워 끝에는 파란 깃대가 꽂혀있고, 구불구불한
시냇물처럼 흐르는 온천에서는 뜨거운 김이
훅훅 솟는다. 온 몸을 휘감는 안개 같은 김.

사막의 노천 온천은 경이, 그 자체다.

물이 펄펄 끓는다.
퐁퐁 솟는다.
물의 구비에 따라 끓는 속도도 온도도
맛도 다르다.
졸졸 흐르는 물에는 눈에 좋고……
고여 있는 물은 목에 좋고……
습기가 가득 배인 물은……
퐁퐁 솟는 물은 간에 좋고……

의사가 필요 없는 곳, 자연이 의사다.

온천물에 계란을 넣는다. 껍질을 깐다.
노랗게 익은 계란에서 김이 모락모락 피어오른다.
컵라면에 물을 붓는다.
국물 맛이 독특하다.
커피도, 녹차도 특이한 맛이다.

노천카페, 온천…… 주위에서 아이들이 해맑게
뛰어논다.
주변에는 지전과 동전이 지천으로 널려있는데도
아이들은 주워가지 않는다.

사랑?
아픔?
훌훌 떠나보내고
미련도 그리움도
깡그리 지운……

살다보면
언젠가는
잊힐 날이 있겠지.

가도 가도, 끝이 없다. 달리고 달려도
좁혀지지 않는 거리감, 기시감, 괴리감……
인간관계도 가끔 이런 느낌일 때가 있다.

사막에 짙은 그늘이 있다. 구름 그림자.
인간과 자연이 공존할 수 있는 위대함을
구름 그림자를 통해 깨닫는다.
만약 이 끝없는 사막에서 구름 그림자가 없었다면
양떼와 말들과 야크는 살인적인 이 더위에
얼마나 견디기 힘들까.

내 마음 그림자를 몽땅 꺼내 사막의 이 구름
그림자에 보탰으면……
그랬으면……
유용하게 쓰일 텐데……

휙~
자동차 한 대가 쏜살같이 앞서 질주한다.

어? 자동차가 금세 사라졌다.
찰나의 순간!
사라졌는데?

자동차가 어디 갔지?

어디로 사라졌지?
온데 간데없이 어디로 사라 진거야? 도대체!

길 밖으로 나동라진 채 훌렁 뒤집혀 있다.
자동차가. 놀랍게도.
순식간의 일이다.
몸피가 비대한 미국인 남자가 두 손을 치켜들고 다급하게 도움을 청한다. 뒤집힌 자동차 안에서는 잡다한 집기들이 튕겨져 나와 뒹굴고 있다. 앞 범퍼는 움푹 우그러지고 창마다 박살이 나 있다. 미국인 여자가 몸을 비틀며 괴로운 신음을 내뱉는다.

죽은 듯이 누워있는 미국인 남자에게 몽골인 남자가 담요를 펼쳐 그늘을 만들고 서 있다. 미국인 남자는 얼굴과 온 몸이 피투성인 채 멀거니 눈을 뜨고 있다. 두 팔을 척 늘어뜨린 채.

비지아 교수가 달린다. 구급약품을 들고 달려간다. 세심하게 그들을 살피던 비지아는 약품을 팽개친다. 후다닥 차에 탄다. 다급하게 갈 길을 재촉한다.
새파랗게 질려있다. 경찰과 병원에 알리고 의사를 보내야 한다. 그의 눈에 핏발이 올라있다.
급히 119와 112로 신고를 한다. 전화선이 잘 이어지지 않는다. 너무 멀리 있는 탓이다.
병원에 빨리 도착해야 되는데…… 구급차를 빨리 보내야 하는데.

읊조리는 비지아의 심정과는 달리 길은 가도 가도
가 닿지 않는다.
저만큼 울란바토르 도시가 눈앞에 보이는데
자동차는 마냥 제 자리에 서 있는 느낌이다.
속도감도 거리감도 느껴지지 않는다.

가도 가도, 끝이 없다. 달리고 달려도 좁혀지지
않는 거리감, 기시감. 괴리감……
우리네 인간관계도 가끔 이런 느낌일 때가 있다.
아무리 노력해도 끝이 닿지 않는 사람.
아무리 떼어내려고 해도 끝나지 않을 것 같은
욕망과도 같은.

사고현장으로 연락을 한다. 남자 한 사람이
죽었다……는 비보다.
…….
침묵
거친 숨소리조차 들리지 않는다.
…….

현장에서 또 연락이 온다.
병원에도 경찰에도 연락할 필요가 없다……는
전갈이다.
또 한명의 여자마저 죽었다. 비보다.

놀라움.

속수무책

…….

침묵

…….

그렇게 사막은 두 사람을 삼키고도 무심하다.

속수무책으로.

덜컹거리는 자동차 소음.

바람소리……

햇빛이 꼬물거리는 소리……

구름이 부딪치면서 흘러가는 소리……

고요함만 가득할 뿐…… 숨소리조차 멎었다.

하늘은 여전히 높고 뜨겁다.

사막은 끝이 없고……

멀고 멀지만

우리는 또 가야한다. 나그네길 인생길처럼…….

…….

가도 가도 끝이 없는 고달픈 길, 나그네길…….

떠난 사랑을 그리워한다는 것은 추억이지만
다시 만난다는 것은 웃음을 단축시킨다.
누구의 시일까.

움켜쥐고 사는 것만큼
미친 짓은 없다.

가도 가도 끝이 보이지 않는다. 눈앞은 온통
초원뿐이다.

가도 가도 끝이 없는 외로운 길, 나그네길
안개 깊은 새벽 나는 떠나간다. 이별의 종착역
사람들은 오가는데 그이만은 왜 못 오나…….

가도 가도 끝이 없는 고달픈 길, 나그네길…….
…….

우리네 인생길,
그 종착역은 어디일까.
가도 가도 끝이 없는 길……
어디일까.
내 길 끝은.
그 끝에 누가 서 있을까.

에필로그

꼭 필요한 것만 가지고 사는 유목민들을 보면서 느낀 것은…… 내가 너무 많은 것을 가지고 살고 있구나…… 집착, 욕망, 소유욕…….
나는 집안의 물건들을 정리했다.
꼭 필요한 것들 외엔 남은 물건들은 새 주인을 찾아 떠났다. 두개씩이나 끌어안고 있던 밥솥, 에어컨, 다리미, 드라이기, 컴퓨터, 찻잔, 옷가지들…….

내 안에 텅 빈 충만으로 가득하다. 우주의 기가 가득 들이차 있다.

몽골은 내게 초록빛 향기이며 연둣빛 움돋이다.
내 생명의 시작이며 생의 씨톨이다.

최민초

국제 PEN 문학 회원
한국소설가 협회 중앙위원

수필집 〈두꺼비와 유월소〉
〈한국소설〉 신인상 당선
단편집 〈자네 왜 엉거주춤 서 있나〉
장편 〈바람꽃〉
에세이 〈문의마을에서 띄운 편지〉
단편집 〈꽃지에서 길을 잃다〉
〈한국소설 베스트 선집—회색지대〉

민초뜰 운영 http://cafe.daum.net/mcg0901
민초뜰은 문학을 나누고 사람을 사랑하는 우리들의 뜰입니다.

몽골에서 불어온 힐링 바람

초판 1쇄 인쇄일 2013년 1월 12일
초판 1쇄 발행일 2013년 1월 16일

지은이 최민초
발행인 김수현
발행처 도서출판 아라
주소 서울시 강동구 천호동 287-10 일진빌딩 2층
전화 02 476 5060 팩스 02 489 5689
이메일 ara5060@naver.com
등록 2012년 9월 13일 제2012-52호

ISBN 978-89-98502-12-6
정가 12,000원